Helga Widmann

Freimaurerisch arbeiten

Eine lohnenswerte Alternative

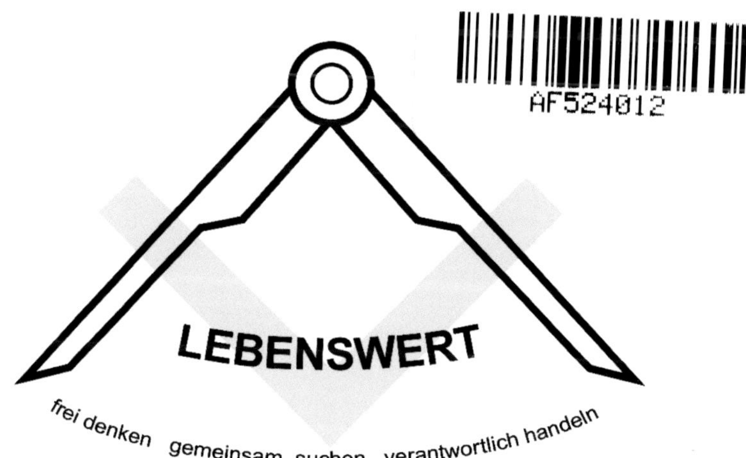

Band I

ISBN 978-3-96285-056-2

2. *Auflage 2023*

Titelbild: hw (cdr)
Herstellung: Salier Verlag, Eichberg 21, 98673 Eisfeld
Printed in the E. U.

Inhaltsverzeichnis

Vorwort

Nicht ohne Grund gibt es Freimaurerei seit mehreren Jahrhunderten. Ihre Ursprünge lassen sich im komplexen Geflecht der neuen Denkweisen und gesellschaftlichen Entwicklungen des 17. Jahrhunderts verorten, die vom Geist des Humanismus getragen sind. Von dort aus wurde sie – abhängig von Zeit und Umgebung – unterschiedlich gestaltet, gelebt und an die nächsten Generationen weitergegeben. Sie unterlag immer wieder Veränderungen durch äußere Bedingungen oder interne Entwicklungsprozesse und präsentiert sich deshalb variantenreich. Es gibt nicht „die" Freimaurerei.
Ein innerer Kern aber verbindet die Vielfalt. Er hat Revolutionen, Kriege, gesellschaftliche Veränderungen, Technisierungs- und Industrialisierungsprozesse überdauert und ist erfolgreich in der Medienwelt angekommen. Es ist die Idee,

> *den einzelnen Menschen anzuregen, mehr aus sich zu machen, um daran mitzuwirken, wie menschliche Lebensbedingungen besser werden können.*

Unter Stichworten wie Freiheit, Individualisierung, humane Bildung, Vernunft, Gleichwertigkeit, Toleranz, Verantwortung, Selbstorganisation, Kommunikation auf gleicher Ebene, vernetzte Gesellschaften, staatsbürgerschaftliches Engagement etc. trugen sowohl Frauen wie Männer aus dem Kontext freimaurerischer Arbeit ihren Anteil zur Entwicklung der europäischen Geistesgeschichte und der liberalen Gesellschaften bei. Ihre Ideen und Ideale bleiben als humanistisches Erbe für Frauen und Männer von stets neuer Dringlichkeit.

Die vorliegende Schrift soll einen Beitrag leisten zu der immer wieder neu zu stellenden Frage: „Was kann Freimaurerei sein und bewirken?" Die Beschreibungen und Erklärungen stützen sich auf kulturwissenschaftliche Forschungsergebnisse der Gegenwart sowie auf eine langjährige Ritual- und Logenpraxis.
Sie verstehen sich als Impulse zum Mit- und Nachdenken und laden an der Freimaurerei interessierte Leserinnen und Leser dazu ein, Einblick in die Möglichkeiten freimaurerischer Arbeit zu nehmen und vielleicht auch selbst Lust zur Mitwirkung zu bekommen.

Helga Widmann
Reutlingen 2014

I Der erste Eindruck

Mindestens zweimal monatlich klingen fröhliche Frauenstimmen durchs altehrwürdige Logenhaus. Im Vorraum gibt es zur Begrüßung freudige Umarmungen, man steht zu zweit oder in kleinen Gruppen zusammen und tauscht sich angeregt aus. Manch eine kommt direkt von der Arbeit, etliche haben schon weite Anfahrtswege hinter sich und sind dankbar, den Ort der Loge unfallfrei erreicht zu haben. Üblich ist im Logenhaus um diese Zeit auch der Anblick von belegten Brötchen, Obst und Getränken zur physischen Stärkung. Deutlich entspannter treffen die etwas älteren Ruheständlerinnen ein. Wer eines der gewählten Ämter der Loge innehat, widmet sich rasch den notwendigen Vorbereitungen für die rituelle Arbeit und verschwindet deshalb in den Tiefen des Hauses.

So ähnlich kann man sich den Alltag in einer Frauenloge vorstellen, wenn sich Freimaurerinnen zur sogenannten rituellen Arbeit treffen. Sie tragen einfache schwarze Bekleidung oder haben diese zumindest im Gepäck. Sie wird während des rituellen Geschehens getragen, so dass schon allein rein äußerlich auf diese Art und Weise ein Unterschied zur Alltagswelt entsteht.
Die freimaurerische Arbeit versteht sich als Arbeit in Gemeinschaft, wobei sich die Mitglieder der Gemeinschaft weder über Besitz, noch über Mode oder beruflichen bzw. familiären Status definieren. Was in der Loge zählt, sind die persönlichen Wertvorstellungen, die Stärken und Besonderheiten, die jede Frau mitbringt und verkörpert.

II Der äußere Rahmen

Was ist eine Loge?

Mit „Loge“ werden unterschiedliche Dinge benannt. Zum einen ist der Ort gemeint, wo sich Freimaurerinnen oder Freimaurer treffen, um zu „arbeiten“, wie es heißt. Zum anderen werden auch häufig der Verein selbst und damit seine Mitglieder insgesamt als "die Loge" bezeichnet.

Aus organisatorischen Gründen wird für die Zusammenkünfte in der Regel ein fester Standort gewählt, entweder ein bestehendes Logenhaus oder eine andere geeignete Räumlichkeit.

Zur Gründung einer Loge sind mindestens sieben Meister/innen und ein oder zwei Gesell/innen bzw. Lehrlinge erforderlich. Sind diese Voraussetzungen erfüllt, formieren sich die Mitglieder zunächst als Verein mit einer entsprechenden Vereinssatzung und lassen sich beim Amtsgericht in das örtliche Vereinsregister eintragen.

Aufschlussreich und spannend ist bei der Gründung einer Loge die gemeinsame Suche nach einem Namen. Vielfach wird ein symbolischer Leitgedanke gewählt, der ein zentrales Anliegen der Gründungsmitglieder zum Ausdruck bringt, z.B. bei „Sci Viam“ (Wisse den Weg) oder „Constantia“ (Ausdauer). Andernorts steht ein regionaler Bezug im Vordergrund, wie beispielsweise „Im Zeichen der Silberdistel“ oder „Märkisches Mosaik“.

Alle Logenembleme der Frauenlogen in Deutschland sowie die zugehörigen Erklärungen sind auf der offiziellen Website der Frauen-Großloge von Deutschland[1] einsehbar.

Weiterhin entwickeln die Logen ihre eigenen, in Rechte, Pflichten und Regeln gefassten Ordnungsrahmen. In dieser Logenordnung werden u.a. die Aufgabenbereiche für die sogenannten Ämter in der Loge definiert, die in regelmäßigen Zeitabständen durch Wahlen neu besetzt werden. Sie eröffnen jedem Mitglied die Chance, verschiedene Tätigkeiten auszuüben, eigene Fähigkeiten einzubringen und die Grenzen der eigenen Möglichkeiten auszuloten. Im Laufe zunehmender Erfahrung in der maurerischen Arbeit sollte sich dabei immer mehr das Wohl der gemeinsamen Sache vor den Eigennutz stellen. Denn eine gute Logenarbeit ist nur dann möglich, wenn sich jeder Einzelne mitverantwortlich fühlt und seine Talente so einbringt, dass ethische Orientierung, rituelles Geschehen und menschliches Miteinander zufriedenstellend erlebt werden können.

Die Logen sind grundsätzlich autonom und verstehen sich als freiheitlich-demokratische Gemeinschaften.
Sie erstellen Arbeitspläne, entscheiden sich für die Themen ihrer Arbeit und beschließen weitere Vorhaben. In der Regel findet einmal im Monat eine rituell ausgerichtete Zusammenkunft statt.
Der Beschluss, als reine Frauenloge zu arbeiten, beruht auf der begründeten Erfahrung, dass Arbeits- und Entwicklungsprozesse vor allem im rituellen Bereich vorteilhafter stattfinden können, wenn man sich frei bewegen kann, ohne in die sonst üblichen Geschlechterrollen zu verfallen. Da in einer Frauenloge Frauen verschiedener Generationen und Kulturen zusammentreffen, ergeben sich ausreichend neue und anregende Impulse für die eigene Entwicklung wie

---

[1] http://www.freimaurerinnen.de [letzter Zugriff 26.12.2022].

auch für eine auf Humanität und gegenseitige Wertschätzung ausgerichtete Lebensführung.

Im Ermessen jeder einzelnen Loge liegt selbstverständlich auch

- die Gestaltung der Gästeabende,
- die Öffentlichkeitsarbeit
- sowie der mediale Auftritt der Loge nach außen.

Die Großloge

In der Regel nutzen die Logen vor Ort die Vorteile eines bundesweiten Dachverbandes. Aus diesem Grund wurde 1982 die Frauen-Großloge von Deutschland (FGLD) gegründet. Sie ist ebenfalls ein eingetragener Verein.
Ihre Satzung und die sie ergänzende Großlogenordnung fußen auf den Grundzügen einer selbst gewählten freiwillig-freiheitlichen Struktur.

Als wichtigste Aufgabe der Großloge kann im Allgemeinen deren Dienstleistungsfunktion gegenüber ihren Mitgliedern genannt werden. In den Mitgliederversammlungen der Großloge werden logenübergreifende Fragen und Probleme diskutiert und bearbeitet. Jede Loge verfügt über zwei rede- und stimmberechtigte Vertreterinnen in der Versammlung.
Die Großloge unterstützt die Logen mit Informationen und Planungshilfen in ihrer Arbeit oder bei der Organisation größerer Veranstaltungen, wenn es gewünscht wird.
Die Idee einer nicht-hierarchischen Kooperation orientiert sich am Vorbild der Bauhüttenordnungen.[2] Dort finden sich bereits im Mittelalter erste Muster einer arbeitsteiligen Organisation sowie der Bezug auf Vereinbarungen, die das Miteinander regeln. Diese Ordnungen enthielten klare Angaben zur Ausbildungszeit der Lehrlinge, beschrieben die Erwartungen der Gemeinschaft an das Verhalten der einzelnen sowie die Festlegung ihrer inneren Struktur als flache Hierarchie ohne Herrschaftsansprüche.

---

[2] Steinmetzordnung Straßburg 25. April 1449 – diese Regelungen existierten Jahrhunderte in mündlicher Überlieferung und wurden erst gegen Ende des 14. Jahrhunderts verschriftlicht. Es gab sie in keinem anderen mittelalterlichen Handwerk.

Alle derzeit existierenden Frauen-Großlogen in Europa sind ihrerseits Mitglied im Verband internationaler Frauen-Großlogen, dem CLIMAF[3]. Diesem Verband gehören Freimaurerinnen u.a. aus Frankreich, Spanien, Italien, Portugal, Griechenland, Belgien, Dänemark, der Schweiz und der Türkei an. Über die Zusammenkünfte der Vertreterinnen der Großlogen hinaus werden vom CLIMAF internationale Treffen für alle Freimaurerinnen organisiert. Dort stellt man die Arbeiten aus den verschiedenen Großlogen zu den jeweils aktuellen Jahresthemen vor, diskutiert sie und führt die Beiträge in einem gesamteuropäischen Resümee zusammen. Zu diesen Kolloquien werden häufig externe Referentinnen aus den entsprechenden Fachgebieten eingeladen, die das Tagungsthema aus wissenschaftlicher, sozialpolitischer, philosophischer oder gesellschaftspraktischer Perspektive und Erfahrung untermauern und ergänzen.
Darüber hinaus sind diese Veranstaltungen vor allem eine gute Gelegenheit, die Ergebnisse maurerischen Wirkens einer breiten Öffentlichkeit vorzustellen.

Insgesamt begegnen sich die Freimaurerinnen bei ihrer Arbeit auf drei unterschiedlichen Ebenen:

- im Kreis der eigenen Loge,
- im Rahmen der Zusammenarbeit von Logen innerhalb der Großloge eines Landes und
- kultur- und länderübergreifend in den Netzwerken ihrer internationalen Beziehungen.

[3] CLIMAF = Centre de Liaison International de la Maçonnerie feminine http://www.climaf.eu/ .

III Die geschlossene Gesellschaft

Der freimaurerische „Tempel“

Als symbolische Grundlage zur Gestaltung des Raumes, in dem Rituale durchgeführt werden, dient das Bild des sagenhaften Salomonischen Tempels, auch wenn er bis heute von den Archäologen nicht verlässlich lokalisiert werden kann. Außenstehende mutet der Begriff Tempel seltsam an. Der Gedanke an ein Religionssystem oder an eine göttliche Wohnstatt liegt nahe und führt nicht selten zu Verwirrung.

Gleichermaßen wie in der Erzählung des Alten Testaments wird mit dem Begriff des Tempels in der Freimaurerei ein Ideal aufgestellt. Der Vergleich mit bautechnischen und architektonischen Elementen des Salomonischen Tempels repräsentiert ein Bild der Vollkommenheit, denn entsprechend der Überlieferung stehen alle Teile des Bauwerks trotz unterschiedlichster Herkunft in einem harmonisch kommunizierenden Verhältnis mit- und zueinander. Selbst die Baumaterialien sind ausgesucht, und der gesamte Bau ist somit ein Musterbild architektonischer Perfektion. Weisheit in der Planung, Stärke in der Ausführung und Schönheit in der Gestaltung mussten vereint werden, um diesen Bau zu erstellen. Voraussetzung dafür war eine Länder und Kulturen übergreifende Kooperation sowie eine ideelle Abstimmung der Bauleute untereinander, die ebenfalls zeitunabhängig als Vorbild dienen kann.

Die Grundidee der Tempel- und Bausymbolik besteht folglich darin, dass etwas zum Ausdruck gebracht wird, was sein *soll*. Von derartigen Vorstellungen getragen entstanden im frühen Mittelalter viele Kirchengebäude, die sich als Verwirklichung eines "neuen Tempels“ verstanden. Ihnen folgten (besonders im 17. Jahrhundert) die Idealvorstellungen vom Bild des Tempels als Vorausdeutung einer tugendhaften und liberalen Gesellschaft.

Die Freimaurer übernahmen mit dieser Symbolik das Bild vom freien Menschen, aus dessen Denken und Planen heraus die Welt materielle Form und Gestalt annimmt. Das beginnt bei nützlichen Bauten, die den Raum für ein physisch geschütztes Wohnen und produktives Arbeiten zum Ziel haben, verweist aber ebenso auf die Prägung des Raumes durch die von Menschenhand geschaffene Kunst als Zeugnis für Zeitgeist und Kreativität, Religion, Kultur und viele alte Weisheiten.

Im übertragenen Sinne baut der Mensch gleichermaßen am Staatswesen und an Gesellschaftsformen, aus denen Institutionen und Organisationen hervorgehen, die immer das dahinter liegende Menschenbild spiegeln.

Schlussendlich ist die Symbolik des Bauens auf die sittliche Ebene übertragbar. Gemeint ist das Gebäude der Ethik, der Ort, an dem die Entwürfe menschlichen Handelns durchdacht und begründet werden. „Bauen am Tempel der Menschlichkeit“ bedeutet, das Ethische als Existenzgrundlage menschlicher Gemeinschaft zu begreifen und daraus ableitend zu klären, welche Prinzipien die Grundlage für die Gemeinschaft von Menschen bilden können. So wird in der Freimaurerei der „besondere Ort", wo das Ritual stattfindet, symbolisch als Tempel (von lat. *templum*) bezeichnet, da dort die Idee einer humanen und liberalen Gesellschaft über die Rauminstallation konkret erlebbar vermittelt wird.

Sogar die Menschen werden in diesen Tempel symbolisch mit einbezogen. Verschiedene Plätze repräsentieren im übertragenen Sinn besondere Funktionen oder Aufgaben am Bau. Sie werden von denjenigen Logenmitgliedern besetzt, die ein „Amt“ innehaben. Alle anderen Anwesenden bilden im französischen Sprachgebrauch die „tragenden Säulen“[4] des Gebäudes. Damit wird über den äußeren Rah-

[4] Französisch *les colonnes*.

men des Logenaufbaus klar erkennbar, dass die freimaurerische Idealvorstellung einer Welt als ein „Tempel der Menschlichkeit“ zu verstehen ist.
Vom Wortsinn her bedeutet „Tempel“ aber einfach nur „abgegrenzter Ort“. Wenn sich also Freimaurerinnen oder Freimaurer im *Tempel* zur *Arbeit* treffen, dann heißt das, dass sie sich für eine bestimmte Zeit in einen vom Alltäglichen deutlich abgegrenzten Bereich zurückziehen. Theoretisch kann auf diese Weise jeder beliebige Raum, wo man sich versammeln kann, modellhaft durch die entsprechende Einrichtung als Tempel inszeniert werden. Texte, Bilder und Symbole aus den Erzählungen vom Bau des legendären Salomonischen Tempels schaffen zusammen mit den Werkzeugen des Steinmetzhandwerks sowie verschiedenen Arbeitsformen aus dem Brauchtum der mittelalterlichen Bauhütten das notwendige Ambiente.
Verschiedene freimaurerische Vereinigungen haben die einfache Bezeichnung des Ritualraums als „Loge“ beibehalten, wo sich die Mitwirkenden versammeln, um die Kriterien für eine menschenwürdige Lebens- und Gesellschaftsform immer wieder neu zu durchdenken.

Wer den Ritualraum betritt, sollte für diese Zeit alles, was sich auf die Befriedigung seiner materiellen Bedürfnisse bezieht, hinter sich lassen. Die Kleidung des Alltags ist ausgetauscht worden. Ergänzt um Schurz und Handschuhe, symbolisiert die einfache schwarze Kleidung maurerisch eine „Arbeitskleidung“. Wer sich für diesen „Zeit-Raum“ frei machen kann von den Gedanken an nur Notwendiges oder nur Nützliches, kann sich als „freier" Mensch auf das Kommende einlassen und sich um weiterführende Erkenntnis bemühen.
Nach der äußeren Loslösung kann auch im Innern ein Loslösen vom Alltag erfolgen. Das Heraustreten aus den Rollen des Alltags, das bewusste Abwägen materieller Werte gegen geistige Entwicklung verursacht ein großes Gefühl von Freiheit. In diesem Raum sind während der Zeit des Rituals die Gesetze der profanen Welt außer

Kraft. Man lässt die profanen Zwänge des Alltags hinter sich, denn man kann und muss sich nicht, wie sonst üblich, *darstellen*. In dieser außergewöhnlichen Situation stellt sich, zusammen mit der äußeren Freiheit, das starke Gefühl innerer Freiheit ein.

Das Modell des Ritualraums ist damit gleichzeitig ein Modell für die individuelle Lebensroute, für „Inne-Halten", temporäres Zurückziehen und Reflektieren als bildliche Umsetzung einer Lebensphilosophie.
Die Tatsache, dass es sich dabei um symbolische Abbildungen handelt, erlaubt es, einen zeitlosen geistigen Sinn zu transportieren, der in jeder neuen Generation zeitgemäß gelesen und auf die Wirklichkeit übertragen werden muss. So ist das Abbild des Humanitätsideals in Form des Raumes, des Rituals und seiner Symbolik eine kunstvolle Weise, Werte und Vorstellungen ohne dogmatische Vorgaben zu kommunizieren und zeitgemäß zu interpretieren.

Das Ritual

> *"Was immer Körper und Seele bewegt, die äußeren wie die inneren Bewegungen des Sprechens und des Denkens müssen zur Ruhe kommen im Betrachten der Wahrheit."*
>
> *(Hannah Arendt)*

Rituellem Geschehen wird seit Menschengedenken eine große Wirkungskraft zugeschrieben. Das Ritual, zu dem sich Freimaurerinnen und Freimaurer zusammenfinden, ist – wie Rituale allgemein – aus dem Bedürfnis heraus entstanden, die Ideale und Einstellungen der Gruppe durch rituelle Praxis zum Leben zu erwecken, sie in der Ritualpraxis durch regelmäßiges Agieren am Leben zu halten, zu festigen und zu tradieren.

Aus diesem Grund treffen im maurerischen Ritual „freie“ Menschen aufeinander, die, überzeugt von der Würde jedes Menschen, für die Entfaltung der einzelnen Persönlichkeit und für mehr Mitmenschlichkeit eintreten wollen. Die Texte, die während des rituellen Verlaufs in Dialogform gesprochen werden, erinnern die Anwesenden an die Motive und den Sinn der maurerischen Arbeit, sie appellieren häufig an die Notwendigkeit einer ernsthaften Arbeitshaltung und ermuntern zu Eigeninitiative und Eigenverantwortung.

Begriffe und Regeln aus dem Bauhandwerk verstärken den Eindruck, dass das rituelle Geschehen weder Kult noch Feier, sondern Arbeit ist. Die aufliegenden Werkzeuge und Arbeitsmaterialien aus dem Bauhandwerk veranschaulichen dies überzeugend. In dem von der Alltagswelt abgegrenzten „Zeit-Raum“ entsteht, über die Symbole sichtbar und erfahrbar, eine neue Welt neben all den anderen Lebenswelten, in denen sich die Anwesenden sonst bewegen. Alle wissen, dass diese Welt zeitlich begrenzt und kunstvoll erzeugt ist, sie erleben sie aber während der Dauer des Rituals dennoch als ihre Wirklichkeit.
Wie Rituale im Allgemeinen, ist auch das freimaurerische Ritual aus verschiedenen Handlungsabschnitten zusammengefügt, die man als Bausteine des Rituals bezeichnen kann. Aus der abstrakten Idee vom idealen Tempelbau entsteht so über die Form und Gestaltung des Rituals die als real empfundene Wirklichkeit einer Bauhütte.

Alles in allem kommen im freimaurerischen Ritual kulturhistorisch gewachsene Ideen und Ideale über Einrichtung, Dekor und Ritualgegenstände zur Geltung, auf die sich die freimaurerische Arbeit bezieht. Es handelt sich um Inhalte, Formen und Prozesse eines idealen humanen Miteinanders, die im freimaurerischen Ritual vergegenwärtigt werden, die modellhaft in Form von inneren Bildern weiter wirken und außerhalb des Tempels dann durch persönliche Entwicklung und Lebensform ihre Wirkung entfalten.

Hierzu einige Beispiele:

- In den drei Graden (Lehrling, Gesellin und Meisterin) wird das Modell des *gestuften Lernens* erfahrbar, das in jedem Leben zur fundierten Verarbeitung der Lebenserfahrung eine Rolle spielt.
- Die Werksymbolik enthält vor allem Lebensmaximen, wie z.B. das Symbol des 24-zölligen Maßstabs, der auf die Vorstellung *vom rechten Maß* hinweist, das es zu finden gilt.
- Die symbolischen Prüfungen im Aufnahmeritual (z.B. die Feuer- und Wasserprobe, die aus Mozarts *Zauberflöte* bekannt sind), heben Erfahrungen ins Bewusstsein, denen wir auch ständig als Prüfungen des Lebens begegnen.
- Rückzug und Stille werden als sinnstiftend erlebt, sodass die kontemplative Erfahrung des Mit-sich-selbst-allein-sein-Könnens als Haltung und Arbeitsform einen Platz im eigenen Leben bekommt.
- Der Wegfall der normalen sozialen Rollen in der rituellen Arbeit ermöglicht das Gefühl von Gleich*wertigkeit* innerhalb einer Gemeinschaft und wirkt als Impuls, die soziale Solidarität auch im normalen Leben zu stärken.

Werte und Vorstellungen dieser Art stehen, kulturgeschichtlich gesehen, stellvertretend für uralte, überzeitlich und transkulturell gültige Modelle menschlichen Lebens. Sie haben eine lange Tradition in der menschlichen Zivilisation und wir erkennen sie selbst in ihren Versatzstücken im modernen Leben. Ihre Auslegung und praktische Umsetzung ist dennoch immer abhängig von den Individuen und den Herausforderungen jener Gegenwart, in deren Kontext sie eingebettet sind.

Aufgrund reichhaltiger Ritualforschung wissen wir heute, dass Rituale eine zentrale Rolle als Erfahrungshorizonte in der menschlichen Entwicklung spielen. Ihr Mit- und Nachvollzug erzeugt von Kindheit an eine flexible Fülle an Schemata und Strategien, die als

Handlungsrepertoire für das Leben außerhalb des Rituals dienen. Dabei muss man darauf verweisen, dass weder das Ritual selbst noch die Agierenden irgendeine eigenständige Wirkungsmacht besitzen. Das Angebot an Symbolen, Texten und Handlungen bildet lediglich einen Rahmen. Die Wirkung eines Rituals bleibt abhängig von der Bedeutung, die ihm vom Individuum zugeschrieben wird. Gleichwohl steht die Qualität der Ritualarbeit immer in direktem Zusammenhang mit der Qualität der Mitarbeit. Die Wirkung eines Rituals ist auch in hohem Maße davon abhängig, wie die Menschen es ausführen.

Von jeder im Ritual erlebten Wirklichkeit kann gesagt werden, dass ihr eine Kraft inne wohnt, die aus dem Zusammenspiel aller rituellen Komponenten resultiert.

Wenn man die Zielsetzungen einer rituellen Gemeinschaft für sich übernehmen, d.h. diese als gut und erwünscht bezeichnen kann, ist die Teilnahme an Ritualen eine freie Willensentscheidung. Wer sich dafür entscheidet, tut dies, weil er den Wert seines Bestrebens empfindet.

In diesem Sinne setzen die freimaurerisch arbeitenden Bürgerinnen und Bürger in den verschiedenen Logen und Großlogen (Obödienzen) auch recht unterschiedliche Schwerpunkte in ihrer maurerischen Praxis, was bis in konkrete gesellschaftliche Auswirkungen hinein beobachtet werden kann. So gibt es z.B. in der französischen Presse regelmäßig Diskurse innerhalb von Freimaurermagazinen wie auch außerhalb in der freien Presse, in denen von Freimaurerinnen und Freimaurern Argumente zu aktuellen gesellschaftlichen Fragestellungen ausgetauscht und auf ihre Nützlichkeit im Hinblick auf eine „vernünftige“ Lösung geprüft werden. Sie praktizieren (das gilt für alle romanischen Länder) die freie, argumentierende Rede als zentralen Bestandteil des Rituals. Wo immer sich Menschen gezwungen sehen, ihre begründete Meinung zu äußern, wenn die Verhältnisse oder Prozesse in der Gesellschaft Schaden anrichten, brauchen sie Zivilcourage. Wer beispielhaft im Ritual erlebt und erfahren hat, wie

wichtig das Gefühl ist, seinen Platz in der Welt zu haben, kann in seiner Haltung bestärkt werden, auch anderen Menschen ihren Platz zu sichern, d.h. auch in der profanen Welt für einen "sanktionsfreien Raum" zu sorgen, in dem sich die Menschen frei bewegen, ihre Meinungen frei äußern, aber auch die Meinung von anderen ins eigene Denken aufnehmen können.
Englische und amerikanische Logen pflegen dagegen mehr eine ausgeprägte "Charity". In Deutschland überwiegt die Auslegung der Symbole und bei vielen männlichen Logen spielt heute der Aspekt des Freundschaftsbundes im Sinne Lessings[5] eine große Rolle.

Im zeitweiligen Rückzug aus der Welt der körperlichen Belange, den Begehrlichkeiten materieller Art oder den Ansprüchen der sozialen Umwelt kann die gewöhnliche Beziehung zwischen sich und der Welt überwunden werden. In kontemplativen Momenten, wenn man auf das blickt, was die eigene Existenz übersteigt, offenbaren sich neue Räume der Erfahrung. Das sind tiefe Momente der Erkenntnis. Auch um sich selbst zu erkennen, bedarf es der Ruhe und inneren Sammlung, wie sie in der rituellen Arbeit möglich sind.
Deshalb bildet das Ritual den Mittel- und Angelpunkt der maurerischen Arbeit. Es kräftigt und bekräftigt im Erleben körperlich, psychisch, sozial und evolutionär, wozu man sich entschieden hat bzw. was man als wertvoll einstuft. Es führt über das Gewohnte hinaus und eröffnet neue Perspektiven für das praktische Tun. Das ist gewollt, denn mit dem Sinnbild des Tempels ist die Welt gemeint, wohin die Freimaurerinnen und Freimaurer aus der rituellen Arbeit zurückkehren, nämlich jener Ort, wo täglich konkret „am“ Tempel der Menschlichkeit gebaut werden muss. Aufgrund dieser gemeinsamen Zielsetzung ritueller Praxis, dem *Erwerb einer Haltung, die im tägli-*

---

[5] „Nichts geht über das laut denken mit einem Freund“, aus: Gotthold Ephraïm Lessing: Gespräche für Freimaurer. Erstes Gespräch. Projekt Gutenberg-DE; https://www.projekt-gutenberg.org/lessing/freimau/freimau.html [letzter Zugriff 01.01.2023].

chen Leben eine Umsetzung erfahren muss, besitzt das freimaurerische Ritual einen ausdrücklich lebensweltlichen Bezug.

Die Nichtanwesenheit von Zuschauern ist eine grundlegende Voraussetzung für das Gelingen des freimaurerischen Rituals, weil sich dessen Sinn von der Sache her nur ergibt, wenn für alle Beteiligten das authentisches Gefühl einer symbolischen Wirklichkeit besteht.
Sind „Fremde" anwesend, fühlt man sich unweigerlich beobachtet. Folglich ist man bemüht, sich vor den Fremden „richtig" zu verhalten. Aus der gemeinsamen *Ausführung* einer idealen Vorstellung wird eine *Aufführung* (eine *Performance*); anstatt eines authentisch erlebten und selbst mit gestalteten *Spiels* gibt es dann nur noch ein *Vorspielen*.
Aus diesem Grund muss der Rückzugsraum des Rituals ein Schutzraum sein und bleiben, in dem man sich frei fühlt und wo man ohne Nebengedanken, ohne Vorführeffekte und ohne Angst vor Versagen frei sprechen und sich bewegen kann. Deshalb gibt es nur ein „Drinnen". Wer außerhalb steht, wer nur zuschauen will, verändert die Situation und mit ihr das Ideal, das davon ausgeht, dass alle Anwesenden Arbeitende am Bau sind und diesen ohne Seitenblick auf ein Publikum mit der Kraft ihrer vorgetragenen Gedanken bewerkstelligen.
Die rituelle Arbeit lebt von daher nur als geschlossenes Ganzes, in das hinein allein das Aufnahmeritual führt.

Die Arbeit mit Symbolik

Versteht man Wahrnehmen auch als eine geistig-psychische Tätigkeit, dann symbolisieren wir Menschen sozusagen ständig, weil wir den Erscheinungen der materiellen Welt stets eine Bedeutung zuordnen.

> Alle materiellen Erscheinungen können so zum Symbol werden, zu Trägern von Ideen, Weltvorstellungen und Werten. Symbole sind deshalb nur zu verstehen, wenn man hinter der Erscheinung einen tieferen Sinn zu deuten weiß.

Auf diese Weise entwickeln sich im Laufe des Lebens die Wertvorstellungen, die unsere Wahrnehmungen filtern, damit wir uns in der Überfülle der Eindrücke besser orientieren können. Jeder Mensch entwickelt dabei seine eigene Wirklichkeit, welche wiederum die Handlungsimpulse prägt.
Der Mensch bedient sich dazu all jener Deutungsmöglichkeiten, die er durch Erziehung und Kultur von anderen Menschen übernommen und/oder die er sich selbst als sogenannte Lebenserfahrung angeeignet hat. Er fragt sich – meist unbewusst – nach der Bedeutung dessen, was er wahrnimmt und formt sich daraus seine eigenen Weltbilder, Überzeugungen und neue Ideen.

Über ein Symbol wird demzufolge all das transportiert, was nicht beschreibbar und auch nicht direkt sinnlich wahrnehmbar ist, also vor allem abstrakte Denkinhalte. Da diese dem Menschen in der Regel aus seinen Lebenszusammenhängen bekannt sind, sind Symbole allgemein verständlich und erschließen dennoch gleichzeitig tiefere Dimensionen der Wirklichkeit.

Neben der individuellen Bedeutungszuschreibung sind deshalb symbolische Aktivitäten immer an die Bezüge zu anderen Menschen gebunden, also an Verstehen und Austausch. Symbole sind insofern Vermittler. „Die symbolische Sinnwelt verbindet die Menschen mit ihren Vorfahren und Nachfahren.“[6] Als Träger von Bedeutung treten Zeichen und Symbole zwar in einer bestimmten Gegenwart auf, doch

---

[6] Berger, Peter; Luckmann, Thomas: Die gesellschaftliche Konstruktion der Wirklichkeit. Frankfurt 1980, S. 110.

„indem sie Vergangenes enthalten und bewahren, sind sie auch Hinweis auf das Zukünftige.“[7]

Wichtig für die Arbeit mit Symbolen ist, dass es sich dabei niemals um eine eindeutige oder immer während Erkenntnis handelt, sondern prinzipiell um einen nicht endenden Vorgang. Die Ausschöpfung eines Sinns, der sich hinter einem Symbol verbirgt, seine Bedeutung für das eigene Leben und für das Gemeinsame einer Gesellschaft, kommt nicht irgendwann zum Abschluss.
Immer wieder wird die Deutung eines Symbols durch neue Entwicklungen und neue Erkenntnisse in Frage gestellt und erfährt durch neue Quellen des Verstehens bislang ungeahnte Sinnbezüge. Die Arbeit mit Symbolik, als Kunst des Interpretierens und Verstehens, ist von daher gleichzeitig eine kritische Auseinandersetzung mit den Erscheinungen dieser Welt und Grundlage für ein Denken mit Hintergrund. Das große Potenzial dieser Denkform liegt in der Auf- und Entdeckung von Dingen und Fragwürdigkeiten, die man nicht auf den ersten Blick wahrnimmt. Der stete Prozess des Verstehens führt zu einem steten Verstehenszuwachs. Entsprechend bleibt die maurerische Arbeit lebenslang ein spannender Prozess.

Die freimaurerische Symbolik konzentriert sich im Wesentlichen auf die Entwicklung des Menschen, auf eine bewusstere Gestaltung seines Lebens und Handelns und auf den achtsamen Umgang mit anderen. Im Fokus der Bausymbolik, der Lichtsymbolik und der Sprachsymbolik des Rituals steht das Diesseits, das tägliche Leben mit der Frage: Was tut dem/den Menschen gut?
Ein unersetzliches Element bildet dabei die Selbstreflexion, die ständige Prüfung unseres Denkens, insbesondere auch ausgerichtet auf das Erkennen von Vorstellungen und Einflüssen, die unser Denken leiten. Man muss die Wahrheit seiner Vorstellungen und Meinungen

[7] Frutinger, Adrian: Der Mensch und seine Zeichen. Wiesbaden 2001, S. 359.

prüfen und herausfinden, ob man fähig ist, demgemäß zu handeln. Auch die Frage danach, ob es das wert ist, was ich gerade tue, was mein Denken wert ist, gehört dazu. Man muss immer wieder herausfinden, wo man sich gerade im Hinblick auf seine Ziele befindet, wodurch die eigenen Wünsche geprägt sind, was einen niederdrückt, wozu man fähig ist.
Aber mit diesen Fragen soll kein schlechtes Gewissen oder ein Bündel an Vorwürfen erzeugt werden. Zweck der Selbsterkenntnis ist die Selbstsorge. Angesichts unserer Daseinsform als Menschen stehen wir ja ständig vor der Aufgabe, für uns selbst sorgen zu müssen, wozu wir bekanntlich große schöpferische Fähigkeiten besitzen. Von daher müssen wir ständig prüfen, was es zu tun oder zu lassen gilt. Selbst mit all jenen Ereignissen, die ohne unser Zutun auf uns einwirken, müssen wir irgendwie umgehen. Nachdenken über all diese Dinge heißt letztendlich nichts anderes als philosophieren.
Dies ist eine Denkarbeit, deren wesentliche Funktion darin besteht, das Individuum auf etwas, das es in nächster Zukunft zu tun haben wird, vorzubereiten: Was habe ich zu tun? Was ist das *Richtige*? Was *soll* ich tun? Was ist das *Sinnvolle*? Was ist *wesentlich*? Kompetentes Handeln braucht kritisch hinterfragendes und in diesem Sinne philosophierendes Nachdenken.

Ausgehend von der Erkenntnis, dass Wahrheit sich eben nicht allein auf menschliche Autoritäten gründet, soll sich die maurerische Arbeit des Weiteren um einen ständigen Abgleich von individueller und gemeinschaftlicher Erfahrung mit jenen Meinungen und Informationen bemühen, die von Menschen, Institutionen oder Medien verkündet werden, die vermeintlich als für diese Wissensvermittlung autorisiert scheinen.
Allgemeingültigkeits- und Wahrheitsansprüche, wie sie immer wieder von der öffentlichen Meinung, von Wissenschaftlern, Politikern oder von Religionsvertretern postuliert werden, dürfen und müssen hinterfragt werden. Kritisches Hinterfragen ist ein unverzichtbares

Mittel, um Dogmatismus zu entlarven, und hat persönlichkeitsbildende Wirkung. Winkelmaß und Lot sind dazu wichtige symbolische Werkzeuge. Sie erinnern z.B. daran, die Dinge auszuloten und abzuwägen, welche Position aus den gemessenen Koordinaten erkennbar ist.

Da sich die unendlichen Dimensionen der Erfassung von Symbolen nur nach und nach durch fortgesetztes Betrachten und Besinnen erschließen, kann man den tieferen Wert symbolischer Arbeit auch nur durch Dauer erfahren. Dann aber wird das Erschließen von Symbolen zu einem lebenslang faszinierenden Verfahren der Welterkenntnis.

Mitwirkung am Entwurf

> Im Zentrum des rituellen Geschehens wird die Aufmerksamkeit aller Anwesenden auf ein Thema gelenkt, zu dem ein Mitglied der Loge seine Gedanken vorträgt. Es ist die sogenannte Zeichnung, auch Entwurf oder Baustück genannt. Alle drei Begriffe entstammen der Symbolik des Bauhandwerks.

Entwerfen ist ein geistiger und schöpferischer Akt, aus dem sich ein konkreter Gegenstand oder Zustand herstellen lässt. Nicht umsonst nennt man den Ausgangspunkt menschlichen Handelns einen Handlungsentwurf. Sich gedanklich in die Zukunft *vorweg zu werfen* (lat. *projectere*) ist eine Fähigkeit des Menschen, die es ihm erlaubt, Wirklichkeit zu entwerfen und zu gestalten. Bei der Erstellung von „Entwürfen" bzw. „Zeichnungen" wird diese Fähigkeit erlebt und erprobt. Natürlich kann ein Entwurf auch eine rein gedankliche Idee bleiben. Wer aus einem eher praktisch orientierten Lebensumfeld kommt, wird seine Überlegungen aus seiner Erfahrung ableiten. Wer eine wissenschaftliche Ausbildung besitzt, kann seine Beiträge

durchaus auf der Grundlage von Forschungsliteratur aufbauen. Gerade im Zusammenspiel von Alltagswissen und wissenschaftlichen Erkenntnissen können gemeinsam interessante Perspektiven entwickelt und gefunden werden, aus denen sich Konsequenzen für notwendige Veränderungen in der Welt ergeben.
Jeder Entwurf kann und sollte jedoch überprüft, besprochen und gegebenenfalls verbessert werden. Im Gegensatz zur üblichen Vortragspraxis ist deshalb in der freimaurerischen Arbeit das Ziel des Entwurfs nicht ein umfassend ausgearbeitetes Werk. Es geht vorrangig um die Darlegung eigener Gedanken und Ideen, um individuelle Vorstellungen, Hypothesen, Begründungen oder auch um Widersprüche, die einen Anspruch auf Gedankenaustausch beinhalten und als Impulse zum Weiterdenken gedacht sind.
Die Bandbreite der Themen ist unendlich groß. Ein gesellschaftlich aktuelles Problem, eine Textstelle aus dem Ritual, ein Zitat einer Person oder aus der Literatur, aus der Presse, ein Symbol, manchmal vielleicht nur ein Begriff, eine aktuelle Fragestellung, eine allgemeine Aussage, eine Behauptung, ein Ereignis, ein Sachverhalt, der im alltäglichen Geschehen zunächst belanglos erscheint usw. ... – alle Ideen, Werte und Erscheinungen dieser Welt können Gegenstand einer gedanklichen Auseinandersetzung sein.

Voraussetzung für die Arbeit an einem Entwurf ist der Erwerb von Wissen. Wie bei jeder Themenbearbeitung muss man forschen, Material sammeln, sichten und alles in eine Vortragsform bringen.
Während auf der einen Seite Wert auf die Herausarbeitung von eigenen Gedanken gelegt wird, spielt auf der anderen Seite die korrekte Angabe von Quellen und die Kennzeichnung von Zitaten eine große Rolle. Das Wissen muss glaubwürdig vermittelt werden. Nur eine auf Ehrlichkeit bedachte Darstellung von Sachverhalten wird dem Anliegen gerecht, Orientierung in der Welt zu anzustreben und die Zuhörer zu "Mit-Wissenden" zu machen.

Tätigkeiten wie Lesen, Zuhören, Forschen, Vergleichen, Hinterfragen etc., die zur Erstellung eines gedanklichen Entwurfs gehören, hinterlassen in unserem Gehirn Spuren in Form von Schemata, Assoziationen, Superschemata und anderen Verknüpfungen. Je vielfältiger und komplexer diese sind, desto stärker sind wir gezwungen, aus alten „Trampelpfaden" unserer Gehirnströme herauszutreten,[8] neue Spuren anzulegen und alternative Wege in den komplexen Systemen der Welt zu finden. Das ist möglich durch Beharrlichkeit im selbstständigen und flexiblen Erwerb eigenen Wissens sowie einem gewissen Maß an Neugierde, Aktivität und Freude am Ausprobieren. Die Ergebnisoffenheit solcher Prozesse ist oft nur schwer auszuhalten, aber wenn das in ihnen verborgene Potential an Erkenntnis freigelegt wurde, wird diese geistige Arbeit als ungemein bereichernd und motivierend erlebt.

Gerade weil es sich um ein Entwerfen handelt, wird es spannend, wenn aufgefordert wird, an dem vorgelegten Entwurf mitzuwirken, d.h. in Respekt vor den Worten des anderen dessen Gedanken durch eigene zu erweitern und zu ergänzen. Auf der gemeinsamen Suche nach Wahrheit wird es dann möglich, symbolisch und gesellschaftlich relevante Themen genauer anzuschauen und unterschiedlichste Perspektiven in das eigene Denken einzubauen. Die freimaurerische Arbeit lebt von Vielfalt und Unterschiedlichkeit der Beiträge in der Loge, die zu einer Fülle führen, die weit über den vorgelegten Entwurf hinausgeht.

Der Wissensaustausch in der Loge unterscheidet sich auch formal sehr stark von der Äußerung persönlicher Meinung, wie sie üblicherweise in Diskussionsbeiträgen praktiziert wird. Im geschützten Raum der Loge dient die Veröffentlichung der eigenen Gedanken

---

[8] Siehe ausführlich dazu: Roth, Gerhard: Bildung braucht Persönlichkeit. Stuttgart 2011.

nicht (wie im öffentlichen Raum) der Referenz des Vortragenden, sondern dem gemeinschaftlichen Wollen, sich um fundierte Meinungsbildung zu bemühen. Das Ritual schafft durch seine kontemplativen Momente und klaren Hinweise auf das Ziel des gemeinsamen Nachdenkens genau diese Bedingungen, die ein von persönlichem Darstellungsdrang freies Entwickeln von Fragen, Beiträgen, Informationen und Begründungen ermöglichen.
Willkürlichem Individualismus, Eiferern oder selbsternannten Besserwissern sowie ideologischen Auslegungen werden allein durch den äußeren Rahmen Grenzen aufgezeigt. Das Ritual verlangt eine strenge und würdige Form der Kommunikation. Man muss sich in geordneter Körperhaltung sowohl in der Aus- oder Fortführung von Gedanken wie auch im Falle des Widerspruchs so ausdrücken, dass die Rede immer ein konstruktiver Beitrag ist.
Die Praxis dieser besonderen Form der Gesprächskultur schreibt sich über Körper und Geist in die Person ein. Die äußere Haltung wird zu einer inneren, deren Wirkungskraft im Handeln außerhalb der Loge spürbar wird.

IV Der maurerische Weg

Auf der Suche

Neue Mitglieder werden der Loge vorwiegend über persönliche Kontakte, Informationstexte in digitaler oder gedruckter Form und über Gästeabende zugeführt. Letztere bieten Gelegenheit, sich über Freimaurerei zu informieren, Fragen zu stellen und sich im Gespräch näher kennen zu lernen.
Wer ein Aufnahmegesuch an eine Loge stellt, verpflichtet sich, eine Haltung zu entwickeln, die den Ideen eines humanen Lebens entspricht. Mit dem Entschluss, Freimaurer/in zu werden, wird seitens der Suchenden, wie die an der Freimaurerei Interessierten genannt werden, die Bereitschaft kundgetan, ihr Leben in den Dienst der Humanität zu stellen.

Dieser Entschluss sollte nicht ohne ausreichende Vorbereitung erfolgen. Auch wenn die Aussicht auf geistige Bereicherung und Erweiterung verlockend ist, darf man sich nicht der Illusion hingeben, diese allein durch die Mitgliedschaft zu erhalten. Der freimaurerische Weg ist kein Produkt, das man in einer Loge erwerben kann. Vielmehr gilt es, eigene Kraft und Zeit zu investieren, Ausdauer und Geduld aufzubringen sowie Interesse an Veränderung von sich selbst und zugunsten der Welt zu verspüren.
Suchende sollten sich ebenso im Klaren darüber sein, dass sie in der Freimaurerei keiner Lehre folgen können, die ihnen den Weg weist.
Die Arbeit in der Loge ist auch nicht sinnvoll ohne den Bezug auf die konkrete Lebenspraxis. Sie geht aus ihr hervor und wirkt wieder in sie hinein. Genauso wie die Logenarbeit als symbolische Arbeit am Bau nur dann zu einer erlebbaren Wirklichkeit wird, wenn es Men-

schen gibt, die diese rituell herstellen, so wird umgekehrt die freimaurerische Arbeit nur dann wirksam, wenn diese Menschen wiederum im praktischen Leben, auch in ihren ureigenen Lebenszusammenhängen, für eine Konkretisierung des Ideals sorgen. Im Vergleich zu anderen humanitären Gesellschaften reicht der freimaurerische Ansatz damit weit über tätige Hilfe (wie z.B. Spenden u.a.m.) hinaus.

Die Loge wird allerdings nur in seltenen Fällen als Gruppe aktiv. Hätte sie ein konkretes Programm, würden sich die Menschen diesem einfach anschließen können. Genau das will Freimaurerei nicht, denn ihr Zweck ist die Stärkung des Individuums und seiner Fähigkeit, Ideale wie Gleichwertigkeit, Freiheit und soziale Verantwortung als handelnder Mensch in den Pflichten des Alltags zu verwirklichen. Das kann in der Beziehung zu einzelnen Menschen im privaten Umfeld stattfinden, aber auch in Form von Mitwirkung an der Gestaltung von Bildung, Wohngemeinschaft, Arbeit, Gemeinde, Ausbildung, Wirtschaft, Versorgung, Transport u.v.a.m. Es kennzeichnet die Freimaurerei, dass sie eben nicht fertige Konzepte liefert. Sie will die Menschen vorrangig dazu befähigen, sich die Voraussetzungen dafür zu erwerben, in den Situationen ihres Lebens ethisch handeln und einen sinnvollen Beitrag zur Verbesserung der gesellschaftlichen Strukturen leisten zu können. Dafür steht das Bild des „Baumeisters“, der seine Entwürfe am Reißbrett zeichnet. Er hat sein Handwerk gelernt, kennt die Maßstäbe, entwirft und prüft, verwirft und konstruiert neu, wenn es sein muss. Weil diese Arbeit von Situation zu Situation im Leben immer wieder neu geleistet werden muss, ist und bleibt freimaurerische Arbeit zeitübergreifend aktuell.

Die Kugelung

> Wenn ein Aufnahmegesuch eingegangen ist, finden weitere Gespräche mit Logenmitgliedern statt, die beiden Seiten noch einmal Gelegenheit zur Überprüfung des Entschlusses bieten, bevor die traditionelle „Kugelung“ über eine mögliche Aufnahme stattfindet. Bei dieser Ballotage handelt es sich um ein altes Abstimmungsverfahren, das bereits in der Antike mit schwarzen und weißen Kugeln (oder farbigen Steinchen bzw. Bohnen) durchgeführt wurde.

Die Kugelung stellt einen weitaus intensiveren Vollzug der Stimmabgabe dar als die einfache Handhebung, wie sie heutzutage bei Abstimmungen allgemein praktiziert wird.
Wer „kugelt“, vollzieht den Akt der Zustimmung spürbar durch das Ergreifen der Kugel, mit ihr liegt im wahrsten Sinne des Wortes ein Teil der Zukunft eines anderen Menschen in seiner Hand. Die damit einhergehende Verantwortung ist als Entschluss zur Akzeptanz des anderen körperlich wahrnehmbar. Als besondere Form des „Ja“-Sagens enthält sie die Bereitschaft, dem neuen Mitglied Vertrauen entgegen zu bringen, ihm die Gelegenheit zu freimaurerischer Arbeit zu geben und seine Andersartigkeit als Chance zu begreifen. Man ist in diesem Moment selbst offen für Neues, interessiert daran, was das neue Mitglied dem Logenleben beizusteuern hat, und neugierig darauf, was die Begegnung für einen selbst an Veränderung mit sich bringen wird. In jedem neuen Mitglied schlummern Chance und Risiko zugleich. Es bleibt offen, wohin der gemeinsame Weg führt. Insofern kann man die Kugelung als Vollzug einer bedeutsamen Handlung verstehen, die von allen Mitgliedern verantwortungsvoll und bewusst wahrgenommen werden sollte.

Die Aufnahme[9]

Übergangsrituale (Initiationen), wie sie alle Kulturen dieser Welt kennen, ermöglichen den Menschen ein bewusstes Erleben des Übergangs von einem Lebensabschnitt in den anderen, machen Menschen zu Mitgliedern von Gemeinschaften und bestätigen ihnen, dass eine neue Lebensphase beginnt. Wer ein solches Ritual durchlebt, erfährt den Schritt über die Schwelle mit Körper und Geist und nimmt die Erfahrung mit, dass es Kräfte gibt, die man mobilisieren kann, um sich weiter zu entfalten.

Die Aufnahme in eine Freimaurerloge ist ein solches klassisches Übergangsritual, das den Wechsel in einen neuen Lebensstatus markiert. Es wird durch die praktische Durchführung lebendig, durch die Anwesenden, die bereits initiiert wurden, die all das kennen, was zur Ausführung einer Initiation notwendig ist. Sie sorgen mit ihrer Ritualerfahrung dafür, dass sich der Initiant als Teil des Ganzen erfahren und aus dem Verlauf des Rituals mitnehmen kann, was an ihn weitergegeben wurde.

Der Entschluss, sein Leben in den Dienst der Humanität zu stellen, erhält durch das Initiationsritual eine herausragende Stellung im Leben. Durch das spezifische Arrangement soll ein bleibender Eindruck entstehen, der durch die Erinnerung an diesen Tag das Bewusstsein (möglichst lebenslang) aktiviert, sich immer wieder dessen zu besinnen, wozu man sich entschlossen hat.
Während der ersten Phase befinden sich die Aufzunehmenden an einem Ort der Ruhe und Stille. Wie in den Initiationsritualen üblich,

---

[9] Die Darstellungen der drei Grade wurde bereits öffentlichkeitswirksam erprobt im Rahmen der Fahnentexte zur Ausstellung „Logenleben in Reutlingen“ (25. September bis 13. November 2011 in Reutlingen).

werden sie zunächst sich selbst und ihren Gedanken überlassen. Allein in einem dunklen Raum, der sogenannten dunklen Kammer, frei von Eindrücken der profanen Welt und angeregt durch symbolische Gegenstände, kommt ein Prozess der Selbstreflexion in Gang. Noch einmal sollen sie sich prüfen, ob ihr Entschluss fest steht und aus freiem Willen heraus geschieht.

Mit verbundenen Augen werden die Aufzunehmenden dann in die Arbeit der Loge eingeführt. Die besondere Form dieses Erlebens bezieht sich u.a. auf die uralte Zielsetzung, sich nicht von äußeren Eindrücken leiten zu lassen, sondern auf die innere Wahrnehmung zu achten. Frei von optischen Eindrücken und den Blick nach innen gerichtet, erleben die Suchenden verschiedene sinnbildliche Prüfungen, die ein weiteres Mal zum Nachdenken über die Ernsthaftigkeit ihres Entschlusses anregen und der Beharrlichkeit ihres Verlangens Ausdruck geben.

Erst danach ist es möglich, sich auf das Gelöbnis einzulassen, mit dem man sich vor sich selbst verpflichtet, seine Lebensform tatsächlich an den Werten und Zielen einer humanitären Lebensführung auszurichten.

Wer dies im freimaurerischen Ritual gelobt, verpflichtet sich jedoch nicht, blindlings den Gesetzen irgendeiner Gruppe oder Institution zu folgen. Alleiniger Gegenstand des Versprechens ist der Ausdruck des eigenen und freien Willens, in den Taten und Werken des Lebens zu verwirklichen, woran man glaubt:

- an die Freiheit des Menschen,
- an die Würde des Menschen und seinen Anspruch darauf, in gleichberechtigten Verhältnissen leben zu dürfen,
- und an die Wirksamkeit des Denkens und der persönlichen Haltung im Handeln.

Nach Abnehmen der Augenbinde finden sich die Aufgenommenen im Kreis der Loge mit allen vereint. In diesem erhebenden Augenblick beginnt die Zugehörigkeit zu einer Loge. Mit dem vertraulichen „Du“ in der Ansprache wird der neue Status hörbar und durch die Ausstattung mit Schurz und Handschuhen, der maurerischen Bekleidung, auch sichtbar. Danach erfolgt eine erste Einführung in das Grundlagenwissen des ersten Grades.

Mit dem Aufnahmeritual kommt für alle Beteiligten ein Prozess in Gang, denn jeder neue Mensch löst in einer Gruppe Veränderung in den bislang gültigen Beziehungen aus. Beide Seiten müssen sich darüber bewusst sein, dass nach einer Phase des vorsichtigen gegenseitigen Kennenlernens oft ganz neue Beziehungen im Gruppengeflecht entstehen und so manches Vertraute durch die sich verändernde Gruppendynamik auf die Probe gestellt wird.

Aus diesem Grund sind bei allen Beteiligten vor allem gute Beobachtungsgabe, Einfühlungsvermögen und in besonderer Weise auch Kommunikationsfähigkeit gefragt, damit man in einer derartigen Gemeinschaft von Ungleichen verstehend aufeinander zugehen und die Loge sich als Modell für gemeinschaftliches Miteinander bewähren kann.

Nach der Aufnahme findet traditionell eine sogenannte Tafelloge statt. Gemeint ist ein rituell geprägtes und feierlich gestaltetes Essen. Es lässt die neu Aufgenommenen erleben, dass im Sinne der Polarität neben dem Geistigen auch das leibliche Wohl eine Rolle spielt und dass neben den Pflichten auch Heiterkeit und Fröhlichkeit das Logenleben prägen.

Der Lehrlingsgrad

Neu aufgenommene Freimaurerinnen und Freimaurer werden gemäß der Handwerksgebräuche als Lehrling bezeichnet. Sie sollen Wesen, Brauchtum und Formen der freimaurerischen Arbeit kennenlernen und die Zeit als Lehrling nutzen, um den Umgang mit den symbolischen Werkzeugen zu erproben.

Ausgestattet mit symbolischen Werkzeugen, z.B. mit Hammer und Meißel, einem Maßstab, einem Winkelmaß usw. beginnt die Arbeit „an rauem Stein", wie es herkömmlich und bis heute vielerorts in den Texten heißt,[10] und es wird schnell klar, dass es harte Arbeit ist, sich bewusst auf den schwierigen Prozess der Auseinandersetzung mit der Welt und sich selbst einzulassen. Das Lot erinnert daran, dass man in die Tiefe gehen und die eigenen Fähigkeiten und Eigenschaften, aber auch die Erscheinungen dieser Welt regelrecht ausloten muss, um zu erkennen. Der rechte Winkel fordert auf, nicht einseitig zu bleiben. Als Lehrling sollte man sich von daher vor allem dem bewussten Wahrnehmen öffnen, die Eindrücke ordnen lernen, Fragen stellen, mit Hilfe von erfahrenen Meisterinnen oder Meistern das symbolische Wissen in den sogenannten Instruktionsgesprächen erarbeiten und vertiefen, die Mitglieder der Loge näher kennen lernen, sich selbst in neuen Zusammenhängen entdecken und neue Haltungen entwickeln. Es gibt vielfältige Bereicherungen, die zum Erleben einer Lehrzeit gehören können. Sie entstehen durch die gemeinsame Arbeit, sind jedoch immer abhängig von der individuellen Bereitschaft, sich überhaupt darauf einzulassen.

---

[10] Prichard, Samuel: Masonry dissected. London 1730; Peraus Ritual von 1747 und bis heute in vielen Lehrarten. Ursprungsbedeutung des rauen Steins ist die zu bearbeitende Aufgabe. Erst viel später, in der der zweiten Hälfte des 18. Jahrhunderts wird die ursprüngliche Bedeutung des rauen Steins in verschiedenen Lehrarten mit dem Arbeitenden gleichgesetzt, der sich also selbst bearbeitet und als vollendeter Stein in den Tempelbau eingesetzt werden soll (vgl. 1. Petrus 2).

Der Gesellengrad

Nach geraumer Zeit erhalten die Lehrlinge weitere symbolische Werkzeuge, damit ihre Fähigkeiten und Fertigkeiten gefördert werden.

Ein wichtiges Motiv des Gesellengrades ist das Reisen. Dazu werden Besuche in anderen Logen, wenn möglich auch in anderen Ländern, empfohlen. Der Blick nimmt bewusst den Anderen wahr und weist auf die hohe ethische Verantwortung hin, die wir gegenüber den Mitmenschen haben. Sich auf Andere einzulassen ist verbunden mit der Forderung nach gegenseitiger Verständigung und Toleranz, aber auch mit der Ausübung von Mitmenschlichkeit. Unabhängig von Alter, Herkunft oder sozialem Status sollen Freimaurerinnen und Freimaurer als Menschen den Menschen begegnen.
In froher Geselligkeit oder beim Kennenlernen anderer Rituale und Bräuche erweitert sich das Wissen. Es entstehen neue Beziehungen und vielleicht sogar lang anhaltende Freundschaften.
Die bewusste Auseinandersetzung mit menschlicher Vielfalt öffnet den Blick für zwischenmenschliche Aufgaben und transkulturelle Möglichkeiten der Zusammenarbeit im Sinne der Humanität.

Der Meistergrad

In der dritten und letzten Initiation wird die Freimaurerin bzw. der Freimaurer mit der Endlichkeit des menschlichen Lebens konfrontiert. Angesichts dessen können sich die Wertmaßstäbe auf der Suche nach einer klaren Lebensführung noch einmal massiv verändern. Wer um die Begrenztheit seiner Zeit weiß und dies bewusst lebt, muss lernen, das

Wesentliche vom Unwesentlichen zu unterscheiden und sich der Frage nach dem Sinn seines Lebens zu stellen.

Die gleichzeitig vermittelte Einsicht, dass kein Gebilde von Menschenhand an die Großartigkeit der Natur und des Kosmos heranreicht, relativiert unsere Selbsteinschätzung und zeigt auf, dass der Mensch nicht das Maß aller Dinge ist. Was bleibt, wenn wir das Leben von seinem Ende her betrachten? Was ist aus dieser Sicht noch wesentlich?

Der Meistergrad darf keinesfalls mit dem Erreichen eines Status gleichgesetzt werden. Die Lehr- und Wanderjahre sind vorüber. Sie haben die Freimaurerin oder den Freimaurer vertraut gemacht mit den verschiedenen maurerischen Werkzeugen sowie religions- und kulturübergreifende Einblicke in das Menschsein gewährt, aber auch jenes nicht ausgespart, was über den Menschen hinaus weist. Nun beginnt die eigentliche, die absolut eigenverantwortliche Arbeit. Die Erarbeitung einer persönlich vertretbaren Ethik stellt sich auch weiterhin als Aufgabe dar, in die man hineinwachsen muss. Sie ist dann erfolgreich, wenn sie zu einer intensivierten Wahrnehmung der Gegenwart führt und im idealen Fall die Entwicklung eines eigenen „geistigen Stils" zur Folge hat.

Meisterinnen und Meister arbeiten dabei am „Reißbrett". Sie sind aufgefordert, sich neue Perspektiven zu erschließen und sich tatkräftig den Aufgaben unserer Welt zu stellen. Waches Interesse an der eigenen Weiterentwicklung, Bereitschaft zum ständigen Austausch mit anderen und Zeit zur kontemplativen Schau müssen für ein glaubhaftes Verhalten aufgebracht werden, das sich an ethischen Idealen orientiert und in der Welt des Alltags aufscheinen kann. Denn Menschen verkörpern, was Ausdruck ihrer inneren Haltung ist.

V Ideengeschichtlicher Hintergrund

Freimaurerei kann heute – entgegen aller gängigen Verschwörungstheorien – als eine kulturell vielschichtige und über mehrere Jahrhunderte hinweg gewachsene Konstruktion bezeichnet werden, als ein Ort der Begegnung mit den aufklärerischen Erkenntnissen und Ideen, die unsere Kulturgeschichte seit dem Altertum prägen.
Sie orientiert sich am Menschen als einem Wesen, das Kraft seiner Vernunft sein Verhalten beurteilen kann und deshalb auch in der Lage ist, sein Handeln vernünftig zu begründen. Damit führt der freimaurerische Weg direkt in das weite Feld der Ethik, ganz praktisch verstanden als Aufgabe,

- sich denkend mit dem Handeln der Menschen zu befassen,
- religiös einseitige, dogmatische oder politisch-normative Vorgaben, Ziele und Interessen zu erkennen,
- sich Selbsterkenntnis, -bewertung und -formung zum Ziel zu setzen,
- um für sich selbst und für die Allgemeinheit bessere Lebensbedingungen zu schaffen.

Denken als Beginn

Schon für Platon war es ein unverzichtbares Anliegen, die Aufmerksamkeit des Blickes nach innen zu richten und darauf zu achten, was man denkt und was sich im Denken abspielt. Wir würden das heute

als selbstkritische Haltung bezeichnen oder auch einfach als Innenschau. Dazu verlangt die sokratisch-platonische Schule die Durchführung einer Reihe von Praktiken, denn der Mensch kann sich verändern durch Arbeit an sich selbst. Für diese Arbeit ist man ausschließlich selbst verantwortlich. Sie verspricht, zur „Seelenruhe“ zu führen.
Der Hauptzweck des „Schau in Dich“ ist aber dennoch schon seit der Antike das politische Tätigwerden. Und es wurde auch schon damals zeitkritisch bemerkt, dass nur wenig fähig seien, sich in diesem Sinne um sich selbst zu sorgen: „Mangel an Mut, Kraft und Ausdauer und die Unfähigkeit, die Bedeutung dieser Aufgabe zu begreifen – das ist Schicksal der Menschheit“.[11]

Eine weitere Grundlage ethischen Denkens bilden bis heute die Schriften von Aristoteles. Er war überzeugt davon, dass mit den Verstandestugenden das Beste im Menschen zu erwecken sei. Dies ist aber auch bei ihm nicht als Selbstzweck zu verstehen, sondern immer ausgerichtet auf eine praktische Umsetzung der gewonnenen Erkenntnisse im Umgang mit anderen.

Werte und Ideale

Für die Entwicklung freimaurerischer Ideale und Werte spielte weiterhin der Humanismus eine entscheidende Rolle. Vorbereitet durch die Renaissance in Italien, widmete man sich in dieser Zeit besonders dem widersprüchlichen Verhältnis von individueller Erfahrung und der Autorität antiker Schriften.
Mit der zunehmenden Bedeutung und Akzeptanz von persönlichen Erfahrungswerten erfolgte, vor allem im Zusammenhang mit der

---

[11] Foucault, Michel: Hermeneutik des Subjekts. Frankfurt 2009, S. 159.

protestantischen Reformation, mehr und mehr eine bewusste Abkehr von institutionalisierten Autoritäten, die infolgedessen im 16. und 17. Jahrhundert ins Wanken gerieten. Die Humanisten erklärten dazu das neue Wissen aus den Wissenschaften als bedeutsam für großbürgerliche und adlige Kreise. Adlige und Bürger begriffen gleichermaßen, dass Bücher zur sittlichen Bildung eine Stütze der Tugend sind und ein Mittel zur praktischen Lebensführung.

Mit der Gründung von humanistischen Zirkeln, wissenschaftlichen Gesellschaften und Freundeskreisen durch engagierte Humanisten entstanden auch in Deutschland bereits im 15. und 16. Jahrhundert freie Zusammenschlüsse, die von demokratische Prinzipien wie der Gleichheit der Mitglieder, dem freiwilligen Beitritt, neuen Kommunikationsformen sowie der Möglichkeit individueller Weiterentwicklung innerhalb einer Gemeinschaft geprägt waren.
Innerhalb dergleichen orientierter Sozietäten konnte sich ein starkes Gruppenbewusstsein entwickeln, das sich im selben Maße stärkend auf die Identität seiner Mitglieder auswirkte.

Humanistische Ideen und Ideale führten auch zur Gründung von wissenschaftlichen Gesellschaften und Akademien als Alternative zu den autoritären Universitäten. Ihr Ziel war es, wissenschaftlichen Fortschritt mit bürgerlichen Interessen zu verbinden, eine disziplinierte gemeinschaftliche Arbeit für verlässliche Erkenntnisse einzufordern sowie ein „ordentliches“ Verhalten, das sich deutlich von den damals äußerst streitsüchtigen und rechthaberischen Gelehrten und Professoren unterscheiden sollte. Bei den Mitgliedern jener Gesellschaften handelte es sich in der Regel um „freie, ungebundene Edelleute“. Vor allem die Humanisten im südwestdeutschen Raum fühlten sich zu einer derartigen „vita activa“ hingezogen. Viele von ihnen waren in der Verwaltung der Städte, in Ämtern bei Hofe und in der Rechtspflege beschäftigt und konnten auf diese Weise den Weg für Reformen öffnen. „Es gab kaum eine Tagesfrage, zu der sie nicht mit großem Engagement Stellung genommen hätten: etwa der Türkengefahr, zum Pazifismus, zur Zwangstaufe von Juden, zur Notwendigkeit der Kirchenreform, zum Bauernkrieg, zu den Privilegien des Adels, zum Fehlverhalten von Fürsten und vor allem zu Fragen der Bildung und Erziehung.“[12]

Utopien

Zum veränderten gesellschaftlichen Bewusstsein des ausgehenden 17. Jahrhunderts trugen weiterhin viele Entwürfe für die „beste aller denkbaren Welten“ bei. Anknüpfend an die Tradition des gesellschaftlichen Modell-Denkens bei Morus, Campanella und Andreae entwickelte Francis Bacon in seinem Buch Neu-Atlantis (1627) das „Haus Salomons“. Seine Vorstellung von einer besseren Welt ist nur ein Beispiel für die unendliche Menge möglicher sozialer Wirklichkeiten, deren Quelle vor allem die Naturerkenntnis ist.[13]
Da die Wissenschaft zu jener Zeit als treueste Dienerin der Religion galt, ist es nicht verwunderlich, dass den Menschen sozusagen die religiöse Verpflichtung auferlegt schien, ihre gottgegebenen Fähigkeiten der Beobachtung und des Denkens zu schulen und zu nutzen, um das Buch der Natur zu lesen und korrekt zu entziffern. Diese (nicht zuletzt Baconsche) Forderung griff die frühe „Royal Society of London“ auf, als sie sich neben anderen Projekten vornahm, das bislang nicht kodifizierte Wissen der verschiedenen Handwerke zu sammeln, es philosophisch aufzubereiten und anschließend in verbesserter, nützlicherer Form den jeweiligen Tätigkeitsbereichen anzubieten. Das Versprechen, nützlich zu sein, trug zweifellos beträchtlich zur Attraktivität dieser neuen Praxis im Umgang mit den Er-

[12] Schmidt, Paul Gerhard: Humanisten. Stuttgart 2000, S. 11.

[13] Shapin, Steven: Die wissenschaftliche Revolution. Frankfurt 1998, S. 152.

kenntnissen der Welt bei. Viele Mitglieder der frühen Logen waren gleichzeitig Mitglieder in anderen Vereinigungen, wodurch ein reger Austausch stattfand.

Individualisierung

Ende des 17. und Anfang des 18. Jahrhunderts, dem Zeitalter der Voraufklärung, werden insgesamt grundlegende Voraussetzungen für die Entwicklung des modernen Individuums geschaffen. Unter zunehmender Billigung individueller Werte, wozu auch die Gefühle gehörten, kehren die Menschen der Sicherheit vorgegebener Normen den Rücken und nehmen auf ihrem Weg ins Unbekannte viele Unsicherheiten in Kauf. Als größte Unbekannte musste das Individuum selbst gesehen werden, weil es erst noch lernen musste, überhaupt seine persönlichen Bedürfnisse zu bestimmen. Plötzlich gab es keine allgemeingültigen Lösungen mehr, sondern eine Vielzahl an Möglichkeiten ohne vorgegebene Kriterien der Auswahl.

Der Mensch wird nun als selbstbezogenes Wesen gedacht, das jedoch mit Hilfe der Nebenmenschen leben kann, mit Hilfe von Erziehung und Kultur. Hieraus resultiert einerseits die Akzeptanz der Natürlichkeit des Menschen, andererseits die Idee des „vernünftigen Interesses“ an einem guten Miteinander in der Welt, das nur durch die Arbeit an und mit sich selbst entwickelt und gefestigt werden kann. Dieses „Streben nach Vollkommenheit“ als Voraussetzung für ein Gelingen der neuen Gesellschaft galt als eng verbunden mit dem Entstehen von Glückseligkeit.

Im Zuge dieses neuen, vernunftorientierten Weltbildes scheint es nur logisch, dass der Mythos des sich durch Prüfungen in der Unterwelt verwandelnden Helden der Antike jetzt wieder aufgenommen wird. Über die in dieser Zeit entstehenden Romane und

Erzählungen werden Grundregeln eines vernünftigen Lebens vermittelt sowie die Idee, das Leben als schaffendes Wirken geistiger Kräfte zu verstehen. Als Hintergrund der literarischen Szenarien wurden häufig ägyptische Mysterien gewählt, wobei die Unterwelt kein Totenreich mehr ist, sondern ein unterirdischer Raum der Prüfung und Unterweisung, durch den der Initiierte zur Erleuchtung aufsteigt. Bezeichnungen wie „die großen Meister“ oder gar der Begriff „Priester“ tauchten als Vertreter einer höheren Weisheit auf, zu der allein die Initiation durch eben diese „Weisen und Alten“ führt.

Mit großer Sicherheit wurden viele freimaurerischen Ritualtexte und Ritualabläufe unter dem prägenden Einfluss dieser ersten Bildungsromane entworfen.[14] Vor allem das Initiationsritual sollte ein ganzheitliches Erlebnis sein, das den Lehrling empfindsam und achtsam für die neue Denkweise und seine weitere Entwicklung macht. In der Hoffnung auf eine Verbesserung der Welt durch den individuellen Erkenntnisweg wurde gleichzeitig auch an eine Verbesserung der Herrschenden durch Initiation gedacht, z.B. als Erziehungslehre für Könige und Prinzen. Die Entwicklung von Tugenden eines Herrschers, von Grundsätzen richtigen Regierens, der ethisch einwandfreien Amtsführung sowie die Erörterung staats- und gesellschaftstheoretischer Probleme schienen in den Logen besonders gut realisierbar zu sein, denn dort trafen sich Menschen aus allen Standesebenen der Gesellschaft. In der Literatur wird die freimaurerische Arbeit deshalb auch häufig als "Königliche Kunst" bezeichnet.

Versteht man diesen Prüfungsweg der Einweihung als „Aufklärung“, da der Initiant aus seiner Blindheit zum Licht geführt wird, kann man die politische Brisanz dieses Tuns erahnen. Als „Wissende“ fühlten sich die Vertreter der frühen Aufklärung stets

---

[14] Siehe ausführlich dazu: Assmann, Jan; Ebeling, Florian: Ägyptische Mysterien – Reisen in die Unterwelt in Aufklärung und Romantik. München 2011.

überwacht von der staatlichen und kirchlichen Zensur. Da ihr „Geheimnis" jedoch ein positives war, das der Erziehung und Veredlung des Menschen dienen sollte, boten sich die Parallele zum „Geheimbund" und die initiierende Reise durch die „Unterwelt" als Form der Umsetzung an.

Bauhüttentradition

Mit umfassendem Wissen ausgestattet und bedeutend für die Entstehung und Entwicklung freimaurerischen Arbeitens waren bekanntermaßen nicht zuletzt die Baumeister, Steinmetze und Handwerker der Gotik. Sie ließen ihre Kenntnisse einfließen in die Kunst des Bauens und tradierten ihre ethische Orientierung in den sogenannten Werklehren. Ihr kosmopolitisches Denken und Streben nach Gleichheit, Brüderlichkeit und Freiheit findet sich im kooperativen Miteinander innerhalb ihrer Bauhütten, in den Ordnungen der Zunft und als Modell eines Sozialsystems, das zusammen mit der von dort übernommenen Bausymbolik formal und inhaltlich entscheidenden Einfluss auf die Freimaurerei hatte.
Man kann nach dem derzeitigen Forschungstand davon ausgehen, dass es im 16. und 17. Jahrhundert innerhalb der Organisationsstrukturen der Steinmetze sogar schon Logen in Form von Elitegruppierungen gab, die sich vermutlich vor allem geistiger Arbeit widmeten[15].

[15] Snoek, Jan: Einführung in die westliche Esoterik, für Freimaurer. Zürich 2011, S. 175-196.

Aufklärung und bürgerliche Gesellschaft

So kann man heute sagen, dass die Freimaurerei in der Tradition all jener Gesellschaften steht, die schon seit der Renaissance in unterschiedlichen Ausprägungen in der Vorgeschichte der bürgerlichen Gesellschaft zu finden sind. In ihnen, aus der "Freyheit zu philosophieren"[16], entstand das moderne Bild des Menschen und Bürgers, wie es unsere Welt prägt. Solche Werkstätten der Aufklärung waren und sind die Logen seit ihrem Entstehen im 17. und 18. Jahrhundert.

Symbolisches und philosophisches Denken stellen die Werkzeuge dar zur Arbeit an den individuellen Fähigkeiten, um vorbereitet zu sein für die Mitarbeit am menschlichen Wohl.

Dazu gehört

- der Fortschritt in Erkenntnissen,
- das bürgerliche Interesse und Ziel „nützlich“ zu sein und
- der Wille, sich mit „guter Sitte“, d.h. mit verantwortlichem Verhalten und dem kultivierten Ton freier Menschen in der Welt zu bewegen.

Das blieb nicht ohne Folgen für die Gesellschaft. Gewiss ist, dass in jener Zeit vieles aus dem Innenbereich der Logen mit dem gesellschaftlichen Außenraum in Verbindung stand. Historisch können zahlreiche Belege dafür aufgezeigt werden, wie sich das in den Freimaurerlogen erlebte Miteinander und die Stärkung der Person durch die freimaurerische Arbeit auf das individuelle Handeln auswirkten. Wer Freimaurer war und im aufgeklärten Sinne dachte, musste politisch handeln. In bedeutender Weise haben die freimaurerisch arbeitenden Menschen damit auf ihre Weise im 18. Jahrhundert

---

[16] Entsprechend des Grundanliegens von Christian Wolff (1679-1754, Philosoph, Halle a.d.Saale). Eine Dauerausstellung in Halle widmet sich dieser Epoche grundlegenden gesellschaftlichen Wandels unter dem Motto: Geselligkeit und die „Freyheit zu philosophieren“ – Halle im Zeitalter der Aufklärung.

nicht nur zur Verbürgerlichung und Demokratisierung der europäischen Gesellschaft beigetragen, sondern parallel dazu auch in der Neuen Welt mit der Gründung der Vereinigten Staaten an einer vorbildhaften demokratischen Struktur mitgewirkt. Die meisten Gründungsmitglieder waren Freimaurer.
Die aufklärerischen Gedanken und die Modelle zur Durchsetzung einer „Bürgerlichen Gesellschaft" waren dabei immer verbunden mit der Selbstsicherheit, durch freimaurerische Ideale und Praxis ein besonderes Wissen für einen gesellschaftlichen Idealzustand zu besitzen. Lessing schrieb nicht ohne Grund 1778 in seinen Freimaurergesprächen *Ernst und Falk*: „Ihrem Wesen nach ist die Freimaurerei ebenso alt wie die bürgerliche Gesellschaft. Beide konnten nicht anders als miteinander entstehen. Wenn nicht gar die bürgerliche Gesellschaft nur ein Sprössling der Freimaurerei ist."

Im historischen Nach- und Nebeneinander haben viele belesene, wissenschaftlich interessierte und gelehrte Menschen, die über die Dogmen ihrer Zeit hinweg den Rück- oder Vorgriff auf politisch unerwünschtes, verdrängtes oder gar verbotenes Gedankengut wagten, einen Beitrag zur Entstehung und Tradierung der Kultur freimaurerischen Arbeitens geleistet.

Dem Ergebnis begegnet man heute in den Symbolen und Ritualen der Freimaurerei als einer humanistisch geprägten Lebensform. Sie beherbergt eine großartige Fülle und Vielfalt von Anregungen aus der menschlichen Kulturgeschichte und deren philosophisch und lebenspraktisch erworbenen Erkenntnissen.

Frauen und Männer

„Ein Weib, das Nacht und Tod nicht scheut, ist würdig und wird eingeweiht!“[17] – Am Beispiel der gesellschaftskritisch ausgelegten Opern Mozarts lässt sich erkennen, wie stark sich die Maurerei im 18. Jahrhundert politisch und sozial engagierte. Die Gleichberechtigung ist für Mozart eine musikalische Selbstverständlichkeit; seine Frauenfiguren transportieren eine aufgeklärte Botschaft, sie vermitteln Haltungen, Einstellungen und Wertmaßstäbe, die Frauen in ihrer Wirkungskraft respektieren und ihnen eine dementsprechende Rolle in der Gesellschaft garantieren wollen.

Aber auch schon viel früher lässt sich im Vorfeld der Geschichte des Männerbundes durchgehend ein geistig-kulturelles Mitwirken von Frauen aufdecken. Es wird allerdings von der traditionellen Geschichtsschreibung unterdrückt. Sobald man nur ein wenig tiefer gräbt, taucht ein durchgehender Strom von Frauen im Austausch mit Männern auf, die der abendländischen Geistesgeschichte immer wieder entscheidende Impulse gaben.

Gesichert sind die Erkenntnisse darüber, dass in der Renaissance Frauen am wissenschaftlichen Diskurs teilnahmen. Viele ihrer Werke beschäftigen sich mit theologischen und philosophischen Fragen. Sie definierten ihre gesellschaftliche Rolle neu, obwohl in der Realität Frauen trotzdem als minderwertiges Geschlecht betrachtet wurden. Durch einen regen Briefwechsel schufen sie ein weites Netz internationaler Frauenbeziehungen in Europa. Über diese Frauen kamen so manche Philosophen und Wissenschaftler überhaupt erst miteinander in Kontakt.

Auch zur Zeit des dreißigjährigen Krieges gehörte Bildung zu den zentralen Ideen. Studieren wurde als ein Instrument zur Vervollkommnung des Menschen verstanden und auch den Frauen zugestanden. Großen Anteil hieran hatte die Bewegung des Humanismus

[17] Chor aus Mozarts „Zauberflöte“.

und Pietismus in Süddeutschland, die insgesamt diese Zeit der großen interkonfessionellen Dispute und der Auseinandersetzung um den individualisierten Glauben prägte. Bekannt und von besonderer Bedeutung ist Prinzessin Antonia von Württemberg[18], die gemeinsam mit Johann Valentin Andreae und einem Kreis weiterer gelehrter Männer das Konzept eines individuellen Erkenntnisweges erarbeitete, das enge Bezüge zur Struktur der späteren Arbeitstafeln der Freimaurer aufweist. Sie pflegte die Lust am Geistreichen, die Liebe zur Wissenschaft und gehörte zu einer jener Frauen-Akademien, die es damals gab. Ihr Leben und Werk macht offensichtlich, dass sie als Frau Teil jener Gelehrtenkreise war, die erste Keimzellen freimaurerischen Lebens in Gestalt von geheimen Gesellschaften, Akademien und Sozietäten schufen.

Selbst das Mittelalter hatte der Frau einen weitaus höheren Rang zugestanden als die folgenden Jahrhunderte. Viele Forschungen bezeugen, dass Frauen bis zum 14. Jahrhundert in vielen Gewerben organisiert sind[19] und großen Einfluss auf das öffentliche Leben haben. Im Kontext der Entwicklungsgeschichte der Freimaurerei ergibt sich bei näherer Betrachtung auch wieder ein Rückbezug auf Frauen, insbesondere auf ihre Rolle in den Bauhütten, die von der Geschichtsschreibung verdrängt wurde. Bis Ende des 16. Jahrhunderts konnten Mädchen in manchen Städten Deutschlands genau wie ihre Brüder offiziell als Lehrlinge eingeschrieben sein.[20] Sie konnten als Töchter eines Handwerksmeisters dessen Gewerbe ungehindert an der Seite seiner Gesellen und Lehrlinge erlernen. In derselben Weise, in der ein Lehrling mit einfachen Arbeiten begann, half auch die junge Meisterstochter dort aus, wo sie gebraucht wurde. Auf diese Wei-

---

[18] Betz, Otto: Licht vom unerschaffenen Lichte. Die kabbalistische Lehrtafel der Prinzessin Antonia in Bad Teinach. Metzingen 1996, S. 9.

[19] Pernoud, Régine: Leben der Frauen im Hochmittelalter. Pfaffenweiler 1991.

[20] Kleinau/Opitz (Hrsg.): Geschichte der Mädchen- und Frauenbildung. Frankfurt, New York 1996, S. 93.

se erwarben Mädchen ein breites Spektrum an Fertigkeiten und Fähigkeiten und machten die Erfahrung, dass Frauenaufgaben in der Zunftwerkstatt häufiger wechselten als die Aufgaben der Männer. Sie sollten – da sie ja immer nach Bedarf gefragt waren – rasch von einer Aufgabe zur anderen wechseln können, so dass Flexibilität zum Hauptmerkmal ihres Auftretens wurde. Mit diesen beruflichen Qualifikationen stieg auch ihr Wert als Frau, denn wer eine Meisterstochter oder -witwe heiratete, musste weniger Eintritt in die Zunft zahlen bzw. gar keinen, denn der Geselle übernahm ja eine bereits bestehende Werkstatt. Innerhalb der Werkstatt, davon ist auszugehen, war höchstwahrscheinlich die Mutter die wichtigste Lehrmeisterin.

Unter diesen Gesichtspunkten übernahmen die Freimaurerinnen nicht einfach nur die Tradition eines Männerbundes, sondern knüpfen an eine ebenso beeindruckende wie motivierende Geschichte von Frauen an.

VI Der Lohn dieser Arbeit

Orientierung

Unabhängig von Geschlecht, Alter, Herkunft, Milieu etc. ist jeder Mensch im Besitz vieler Kräfte und Werte. Oft erhalten diese keine oder nur wenig angemessene Wertschätzung bzw. Chancen zur Entfaltung. Normen, Gesetze und Regeln, die eigentlich dem sozialen Miteinander dienen sollten, entheben das Individuum häufig einer Entscheidung und fördern ebenfalls nicht unbedingt die Autonomie des Einzelnen.

Im 21. Jahrhundert ist der Umgang mit neuen Entwicklungen zu einer globalen und personalen Herausforderung für alle geworden. Die Verantwortung im Umgang mit Natur und Technik, Wirtschaft und politischer Macht liegt nicht mehr allein bei den Verursachern, denn neben den Konstrukteuren und Produzenten müssen auch die Nutzer ihre Handlungsspielräume erkennen und ausloten.

Während wir uns einerseits in einer Phase der Freiwerdung aus vielen Traditionen und sozialer Bindungen befinden, gilt es gleichzeitig, angesichts der Auflösung vertrauter Strukturen eine Neuorientierung für die Gestaltung des eigenen Lebens wie auch der Gesellschaft zu finden. Wie zu allen Zeiten, insbesondere derer, in denen gravierende Umwälzungen stattfinden, ist die „Kunst der Orientierung" gefragt. Diese Reflexion ist transkulturell anzulegen, da angesichts der globalisierten Welt alle Menschen der Gegenwart ein ethisches Bewusstsein und politisches Wissen entwickeln müssen, das es ihnen erlaubt, die für sie wesentliche moralische, spirituelle und kulturelle Vielfalt auf gerechte und stabile Weise zu gestalten.

Die Logen der Freimaurer und Freimaurerinnen können unter dem Aspekt der Zukunftsrelevanz ein solcher Ort sein, wo ethische Orientierungswerte im Diskurs miteinander erarbeitet werden, die es Men-

schen ermöglichen, in den komplexen und meist technisch geprägten Alltagsaufgaben pragmatisch brauchbar und sittlich verantwortbar zu handeln. In der Pflege ihrer Reflexions- und Diskurskultur sowie in den Formen des rituellen Erlebens und Verstehens werden, wie schon seit Jahrhunderten, die immer gleichen Fragen danach gestellt, woran sich die menschliche Praxis ausrichten kann. Die Umstände und Erscheinungen ändern sich, die gemeinsame Problemabschätzung, der Austausch mit Experten und die Prüfung der eigenen subjektiven Einstellung bleiben zeitlose Verfahrensweisen.
Die Logen werden auch künftig brennende Themenfelder aus dem Weltgeschehen, im Zusammenhang mit politischen Entwicklungen, aus den Beobachtungen gesellschaftlich-sozialer Entwicklungen, aus wissenschaftlichen Erkenntnissen sowie aus den persönlichen Fragestellungen der Mitglieder zu bearbeiten haben.

Lebensfragen stellen, prüfen, Wertehorizonte ins Auge fassen, abwägen, ausloten, neue Erkenntnisse anwenden und wieder in Frage stellen usw., das sind Vorgehensweisen einer praktischen Philosophie. Sie führen zu einer Beschäftigung mit Fragen des rechten Handelns (Ethik) und zu Fragen des Seins. Philosophieren kann insofern zur Lebensform werden. Im Auseinandersetzen mit der Wirklichkeit als Lebensstil kann die Erfahrung wachsen, unabhängig zu sein, autonom im Verhältnis zur Tradition, offen für neue Erfahrungen und Ideen, aufgeschlossen und geistig flexibel. Wer ernsthaft philosophiert, stellt kritische Fragen an die ihn umgebende Welt und lässt sich nicht so leicht täuschen oder gar manipulieren, sondern erfährt sich vielmehr als wirksam. Wer sich nicht entschließt, Stellung zu nehmen, wird auch niemals eingreifen können, wenn Unrecht geschieht oder Unheil hinter einer Entwicklung erkannt wird.
Im Austausch und Abgleich, im Zusammenspiel von Alltagswissen und wissenschaftlichen Erkenntnissen können interessante Perspektiven entwickelt und konkrete Beispiele gefunden werden, aus denen sich wiederum notwendige Konsequenzen für Veränderungen in der

Welt ergeben. Für die Beteiligten bedeutet das, dass man sich häufig auch außergewöhnlichen Perspektiven öffnen muss und ungesicherten Bereichen gegenübersteht. Genau dies aber erweitert den eigenen Horizont, lässt das Leben neu denken, öffnet die eigene Einstellung zur Toleranz gegenüber Andersdenkenden und führt auf diese Weise nicht selten zu unerwarteten und oftmals genialen Lösungen.
Gleichzeitig wird aber auch die Forderung gestellt, sich selbst und die Einschätzung der eigenen Erfahrung ständig zu überprüfen. Das kann mithilfe neuer praktischer Erfahrung geschehen, mit Vernunft und im Austausch mit anderen. Die Loge ist ein sanktionsfreier Raum der Erprobung.

Gemeinschaftlichkeit

Eine Gemeinschaft ist jedoch nur kompetent, wenn möglichst viele ihrer Mitglieder kompetent sind. Deshalb ist ein gewisser Anspruch an das Engagement, mit dem man die freimaurerische Arbeit zur Stärkung bereits vorhandener bzw. zur Entwicklung neuer Kompetenzen betreibt, notwendig. Vorbilder sind als Beispiele für gelingendes Leben wichtig. Denn Selbstbildung ist unter anderem ein Lernen am Modell. Es bedarf der Beziehung zu einem anderen, zu einem Meister, wie sie nur in der Loge erfahren werden kann. Kompetenz in Form von Kenntnissen, Fertigkeiten und Techniken lässt uns dabei selbst die Rolle von verantwortungsvollen Lehrmeisterinnen übernehmen, deren Gestaltungsformen andere wiederum als notwendige Wirkelemente für ihre Veränderung annehmen und an anderer Stelle weitergeben können. Denn schließlich dient jeder „gebildete" Mensch wieder der Gemeinschaft.
Da die freimaurerische Arbeit, die reflexive wie die rituelle Qualität der Logenarbeit, immer abhängig von der Qualität der Mitarbeit ist, abhängig von *den* Menschen, die sich in der Loge zusammenfinden,

stehen alle Mitglieder einer Loge in der Pflicht. Nur indem *jeder* etwas tut, nur aus der Tatsache heraus, *dass* jeder etwas tut und *wie* es gemacht wird, entsteht die Kraft, die dem Tun innewohnt. Wer nicht relativ regelmäßig an den Arbeiten teilnimmt, kann keinen Fortschritt für sich erwarten und nicht bewerten, was während seiner Abwesenheit geschaffen worden ist.
Die gemeinsame Arbeit so zu organisieren, dass sie ein gemeinsames Anliegen bleibt und gleichzeitig ihren Mitgliedern akzeptierte Möglichkeiten zur Entfaltung ihrer individuellen Begabungen, ihres Wissens und ihrer Kräfte eröffnet, ist schlechthin *die* Herausforderung an die Mitglieder.

Auch angesichts der vielen, offensichtlich personen- und zeitabhängigen Variablen darf Freimaurerei niemals als Lehre verstanden werden. Was der Idee des humanistisch ausgerichteten Lebens entspricht, kann weder allgemein gelehrt noch als Imperativ ("Du sollst ...") vorgegeben werden. Es kann nur unter den jeweiligen gesellschaftlichen Umständen von den Beteiligten immer wieder neu ausgehandelt werden. Die Freimaurerei kann von daher auch weder in Gesetze gefasst noch selbst auf ein Gesetz zurückgeführt werden. Sie besitzt keinen definitiven Ursprung und kein festgeschriebenes Programm. Das *Wollen* freimaurerisch arbeitender Menschen ist deshalb auch nicht in gemeinsamen Parolen zu finden, sondern immer nur in Menschen, die sich persönlich, in erster Person, in den Diskurs einbringen. Es sind immer die einzelnen Menschen, die mit Engagement, Pioniergeist, Durchhaltevermögen und Wachsamkeit ihren Weg machen.
Freimaurerinnen und Freimaurer sprechen mithin niemals im Namen aller, sondern als Menschen, die in ihrem eigenen Namen selbstverantwortlich denken und handeln. Gebunden an die stets kritisch-konstruktive Reflexion ihrer Mitglieder zur jeweiligen Zeit, ist die gesellschaftliche Wirksamkeit freimaurerischen Arbeitens von ganz unterschiedlicher Ausprägung.

Freiheit

Angestrebt wird durch diese Art der Auseinandersetzung mit der Welt der Mut, das Denken zu wagen. Wenn das freie Denken oft genug erlebt wird, entsteht im Laufe der Zeit eine Haltung, die sich angstfrei auf Ungewohntes einlässt und Mut macht, auch in ganz normalen Alltagssituationen nicht mit seiner Meinung zurückzuhalten. Der große Gewinn des Philosophierens besteht in der Schulung des Denkens und des Argumentierens. Wer gelernt hat, die Welt um sich klar zu analysieren, äußert sich nicht mehr, wie es ihm gerade einfällt, sondern bemüht sich immer darum, seiner Ansicht begründete Argumente zugrunde zu legen. Logenleben bedeutet, im Respekt vor der Verschiedenheit den Dialog miteinander zu führen, sich gegenseitig Mut zu machen und sich gegenseitig konstruktiv kritisch zu begegnen, zu verhandeln (was auch konstruktives Streiten und Kämpfen für eine Sache beinhalten kann). Gleiche können sich nicht gegenseitig weiterbringen, sich nicht gegenseitig helfen, inspirieren, weil dann niemand dem anderen etwas voraushat. Falsch verstandene Gleichheit und übertriebene Sucht nach Harmonie führen ebenfalls leicht zu emotionaler Spannung, Stagnation oder gar Destruktion. Auch die gleichgeschlechtliche Gruppe darf nicht nach dem kleinsten gemeinsamen Nenner suchen, denn über individuelle Stärken, Möglichkeiten und Begehren lässt sich kein Kleid der Gleichheit legen.

Schließlich – und das ist der Zweck, mit dem sich philosophisch-praktisches Denken immer verbindet – kann das Handeln in der Welt nach all dem Nachdenken auf eine *gut begründete* Basis gestellt werden. Diesem klaren Bezug zur Vernunft liegt ein Menschenbild zugrunde, das jedem Menschen den Besitz von Vernunft zuspricht. Jeder Mensch besitzt theoretisch – entsprechend seiner genetischen

Ausstattung – die Fähigkeit, alles auf der Welt überlegt zu prüfen. „Jeder Mensch verfügt darüber, wie über ein ‚natürliches Licht'."[21]

Verwandlung

Die Initiation soll einen Wendepunkt im Leben darstellen. Der auf die Außenwelt fixierte Blick erfährt eine Umkehr: hin zu einer auf sich selbst gerichteten Aufmerksamkeit.

Im Gegensatz zu therapeutischen oder spirituellen Ansätzen vermittelt die Freimaurerei mit der rituellen Arbeit jedoch keine bestimmte Methode, durch die ein bestimmtes Verhalten oder Erleben automatisch erreicht wird. Man muss sich unter freimaurerischer Arbeit vielmehr „Technologien des Selbst"[22] vorstellen, d.h. Praktiken, die es dem einzelnen Menschen erlauben, mit eigenen Mitteln auf seine Lebensweise einzuwirken. Zu diesen eigenen Mitteln gehören der zeitweilige Rückzug zur Kontemplation, die Selbstreflexion, der Umgang mit Symbolen, das rituelle Erleben, aber auch die Aneignung von Wissen, Gelegenheit zum Diskurs d.h. zum Gedankenaustausch mit anderen und vor allem die Übung des Denkens.

In Form einer solchen „Selbstsorge"[23] verknüpft sich reflektierend Kultur und Individualität, die es den Menschen möglich macht, an ihren Selbst- und Weltverhältnissen mitzuwirken.

Die freimaurerische Praxis schafft lediglich einen Rahmen dazu, sie ermöglicht Transformation – d.h. Umgestaltung und Verwandlung, jedoch nicht durch ein vorgegebenes Konzept, nicht von oben, nicht

---

[21] Maclure, Jocelyn; Taylor, Charles: Laizität und Gewissensfreiheit. Frankfurt 2011, S. 42.

[22] Foucault, Michel; Martin, Luther H.: Technologien des Selbst. Frankfurt 1993, S. 24 ff.

[23] Foucault, Michel: Hermeneutik des Subjekts. Frankfurt 2009, S. 556.

mittels einer mystischen Erleuchtung und nicht über eine institutionell legitimierte Person, sondern als mögliches Ereignis im Einzelnen, im ständigen Zusammenspiel von Ritual und Alltag, Emotion und Vernunft, Erfahrung und Verstand und in der Entfaltung seiner Wirkung im konkreten Handeln. Jeder hat die Wahl, auf seine Art und Weise den „Königsweg“ zu gehen.

Den Geist auf sich selbst zu richten, sich in einer geistigen Haltung zu üben, sich selbst zu prüfen, sich selbst aber auch im Hinblick auf die Selbstformung zu pflegen, ist dennoch nicht möglich ohne die Anderen. Treffen sich Menschen mit dem gleichen Ziel, erhält die individuelle Arbeit eine neue Qualität. Nicht umsonst vertreten viele Menschen kulturgeschichtlich die Idee von Gruppenbildung, um sich im gemeinsamen Vorhaben zu stützen.
Unabhängig davon, ob es sich dabei um die Philosophenschulen der Antike, die Gesprächszirkel der Renaissance bzw. der Klassik, die Gelehrtenkreise oder wissenschaftlichen Gesellschaften etc. handelt, sie alle wussten um die Bedeutung der Beziehung zu anderen, zu einem Kreis anderer „Gebildeter“ bzw. Bildung Suchender, an deren Beispiel man lernen kann und wo in freundschaftlichen Beziehungen mittels des Gesprächs die Selbstbildung wächst.

Im rituellen Modell der Aufnahme wird sehr einprägsam das Bild der Suche vermittelt, die körperliche Erfahrung von Blindheit bleibt. Das ergibt Sinn, denn tatsächlich erhält man zwar symbolisch mit dem neuen Sehen auch eine neue Erkenntnis, aber diese ist ebenfalls wiederum nur ein Werkzeug. Wer sich mit menschlichem Handeln befasst, bleibt auf der Suche nach den Kriterien für gutes und schlechtes Handeln und der Bewertung der Motive und Folgen. Immer wieder stellt sich die klassische Frage: „Was soll ich tun?“

Fazit

Freimaurerische Arbeit lädt die Menschen dazu ein, in das zeitübergreifende Nachdenken über das Gute einzusteigen und das eigene moralische Denken zu klären.

So wie sich die Menschheit den ständig neuen Herausforderungen durch die eigene Weiterentwicklung stellen muss, so müssen auch immer wieder neue Lösungen für die Umsetzung des Ideals einer humanen Welt gefunden werden. Freimaurerei ist ein Weg dazu. Er übersteigt ein Menschenalter. Die maurerische Arbeit wird immer weitergegeben, neuen Aufgaben entgegen.